# BEI GRIN MACHT SICH IHR WISSEN BEZAHLT

- Wir veröffentlichen Ihre Hausarbeit,
  Bachelor- und Masterarbeit

- Ihr eigenes eBook und Buch -
  weltweit in allen wichtigen Shops

- Verdienen Sie an jedem Verkauf

## Jetzt bei www.GRIN.com hochladen und kostenlos publizieren

# Effektives Risikomanagement in Unternehmen. Prozesse, Umweltfaktoren und Anspruchsgruppen

**Bibliografische Information der Deutschen Nationalbibliothek:**

Die Deutsche Nationalbibliothek verzeichnet diese Publikation in der Deutschen Nationalbibliografie; detaillierte bibliografische Daten sind im Internet über http://dnb.d-nb.de abrufbar.

ISBN: 9783389019535
Dieses Buch ist auch als E-Book erhältlich.

Druck und Bindung: Books on Demand GmbH, Norderstedt Germany
Gedruckt auf säurefreiem Papier aus verantwortungsvollen Quellen

Das vorliegende Werk wurde sorgfältig erarbeitet. Dennoch übernehmen Autoren und Verlag für die Richtigkeit von Angaben, Hinweisen, Links und Ratschlägen sowie eventuelle Druckfehler keine Haftung.

Das Buch bei GRIN: https://www.grin.com/document/1467518

# Einsendeaufgabe

**Titel der Arbeit:**

*Unternehmerische Risiken*

**Aufgabennummer:**

A

**Modul:**

Unternehmerische Risiken

**Studiengang:**

Management (M.Sc.)

# Inhaltsverzeichnis

# 1. Aufgabe: Der Risikomanagementprozess

Der Risikomanagementprozess ist ein grundlegender Teilbereich der Unternehmensführung, da hiermit maßgebliche Bedrohungen für die unternehmerische Existenz zunächst identifiziert sowie bewertet und fortlaufend minimiert werden sollen.[1] Der Begriff „Risiko" lässt sich somit im unternehmerischen Kontext als Störgröße definieren, welche die Erreichung festgelegter Ziele negativ beeinflussen kann.[2] Das Verfehlen eines Ziels kann dabei im Sinne einer Unterschreitung aber auch hinsichtlich einer Übererfüllung verstanden werden. Ein effektiver und konsequenter Risikomanagementprozess kann folglich den Erfolg eines Unternehmens maßgeblich beeinflussen. Im Gegensatz hierzu kann ein entsprechend mangelhafter Prozess zu deutlichen negativen Konsequenzen für das betroffene Unternehmen führen, da potenzielle Risiken zu spät oder gar nicht erkannt werden. Gesamt betrachtet, ist jedoch stark zu differenzieren, inwiefern und welche Risiken minimiert oder eliminiert werden sollen, da die Grundlage einer jeder unternehmerischen Handlung in gewisser Weise mit Risiken einhergeht. Das völlige Minimieren oder Eliminieren von Risiken lässt sich somit mit der Einstellung des Geschäftsbetriebes gleichstellen, da nur so jegliche Risiken abgestellt werden könnten.[3] Vielmehr liegt der Sinn und das Ziel des Risikomanagements darin, eine transparente Darstellung vorhandener Risiken zu erschaffen, auf welcher Basis mögliche Risikobewältigungsmaßnahmen erarbeitet werden. Die transparente Darstellung vorhandener und potenzieller Risiken bietet somit in weiterem Sinne auch die Grundlage für z.B. Innovationen, da durch das intensive Auseinandersetzen mit der gegebenen Risikosituation, neue Ideen entwickelt und vorhandene Chancen realisiert werden können. Um nachfolgend Implikationen für den Erfolg respektive Misserfolg des Prozesses darstellen zu können, soll zunächst der grundlegende Aufbau des Risikomanagementprozesses verdeutlicht werden, wessen Schritte aufeinanderfolgend eng miteinander verknüpft sind.[4]

- **Risikoidentifikation:** Der Grundstein eines jeden Risikomanagementprozesses liegt in der Identifikation potenzieller Risiken für das Unternehmen. Dies kann beispielsweise durch spezifische Analysen oder auch Audits geschehen.
- **Risikobewertung:** Vorhandene Risiken, welche im vorangehenden Schritt identifiziert wurden, werden hinsichtlich ihrer Relevanz für das Unternehmen

---

[1] Vgl. Berger, Thomas und Hiller, Matthias (2022), Seite 7.
[2] Vgl. Diedrichs, Marc (2017), Seite 9.
[3] Vgl. Gleißner, Werner und Berger, Thomas (2007), Seite 16.
[4] Vgl. Brühwiler, Bruno (2008), Seite 2.

4

bewertet. So wird beispielsweise die Eintrittswahrscheinlichkeit eines risikorei-
chen Szenarios oder auch des grundsätzlichen Einflusses auf das Unternehmen
bewertet.

- **Risikosteuerung:** Die nach der Bewertung als relevant identifizierte Risiken, gilt
es im weiteren Verlauf zu bearbeiten. Die entsprechenden Maßnahmen hierzu
können neben der Minimierung des Risikos auch auf eine komplette Vermeidung
oder auch Akzeptanz ebendieses Risikos abzielen. Hier ist auf die einleitend auf-
geführte Argumentation zu verweisen, da eine völlige Vermeidung von Risiken
im unternehmerischen Umfeld nicht möglich ist. Das Unternehmen muss folglich
Maßnahmen ergreifen, die zwar risikoreiche Szenarien abschwächen, jedoch in
keiner Weise beispielsweise die Innovationskraft des Unternehmens einschrän-
ken. Konkret können solche Maßnahmen beispielsweise durch eine angepasste
Unternehmensstrategie oder auch durch den Abschluss entsprechender Versi-
cherungen abgebildet werden.

- **Risikoüberwachung:** Da sich gegenwärtige Situationen häufig und schnell ändern können, bedarf es einer kontinuierlichen Überwachung zuvor identifizierter
Risiken. Nur so ist es möglich, agil auf Veränderungen zu reagieren und so die
optimale Lösung für das entsprechende Unternehmen zu garantieren.[5]

Dieser beschriebene Prozess des Risikomanagements hängt im realen unternehmerischen Alltag von einer Vielzahl an Faktoren ab, die letztlich für den Erfolg oder auch
Misserfolg des Prozesses verantwortlich sind. Im nachfolgenden Absatz sollen daher
einige der bedeutendsten Implikationen diskutiert werden, welche für die Güte des Prozesses verantwortlich sind:[6]

- **Unternehmensführung- und kultur:** Wie bei vielen unternehmerischen Belange, ist ein Vorhaben oder Prozess nur dann erfolgreich, wenn es nicht nur von
einem ausgewählten Personenkreis, sondern auch seitens des Managements
unterstützt und als priorität angesehen wird. So ist der Erfolg auch im Rahmen
des Risikomanagements maßgeblich von der Unterstützung des Managements
abhängig, da es nur mit voller Unterstützung der Führungsebene möglich ist, einen erfolgreichen Prozess zu etablieren, welcher dann auch von den anderen
Mitarbeitern des Unternehmens akzeptiert und unterstützt wird. Neben der Unterstützung selbst, bedarf es einer ganzheitlichen Offenheit für den Umgang mit
Fehlern. Durch die Etablierung einer konstruktiven Fehlerkultur, kann das

---

[5] Vgl. Diedrichs, Marc (2017), Seite 14.
[6] Vgl. DIIR (2021), Seite 38.

Verständnis für das eigene Handeln als auch für potenzielle Risiken gestärkt werden.[7]

- **Verantwortungsstruktur:** Gerade im Hinblick des Risikomanagements, müssen Verantwortlichkeiten und Zuständigkeiten klar festgelegt und auch so an alle Mitarbeitenden kommuniziert werden. Nur so ist es möglich, Verzögerungen oder Missverständnisse zu vermeiden, da klare Wege und Ansprechpartner vorgegeben sind.

- **Methodik:** Um die zuvor beschriebenen Maßnahmen zur Identifizierung und Bewertung von Risiken zielführend durchführen zu können, bedarf es passender und effektiver Methoden, um schnell auf sich ändernde Situationen reagieren und das unternehmerische Risiko abschätzen zu können.

- **Kommunikation:** Ähnlich der klaren Verantwortungsstruktur, bedarf es zudem einer effizienten und zielgerichteten Kommunikation in alle Bereiche des Unternehmens. Ohne eine vollständige Kommunikation, können erkannte Risiken unter Umständen zu spät erkannt oder relevante Informationen nicht an die nötigen Empfänger weitergegeben werden, um entsprechende Entscheidungen zu treffen.

- **Risikobewusstsein:** Wie bereits im Bereich der Unternehmenskultur thematisiert, sind die Beschäftigten ein wichtiger Teil im Rahmen des Risikomanagements. Diese sollen daher in der Lage sein, ihre eigene Arbeit hinsichtlich Risiken zu bewerten und auch potenzielle Risiken zu identifizieren. Hierzu bedarf es einer ausreichenden Sensibilisierung aller Beschäftigten, um das Verständnis für Risiken und deren Folgen zu fördern.[8]

- **Kontinuität:** Als eine weitere Grundvoraussetzung für einen erfolgreichen Risikomanagementprozess gilt die kontinuierliche Überwachung vorhandener Risikostrukturen sowie die Wirksamkeit getroffener Maßnahmen. Auf dessen Basis hängt der Erfolg des Prozesses maßgeblich davon ab, zuvor etablierte Maßnahmen kontinuierlich auch auf eine veränderte Situation anzupassen.

- **Vorhandene Ressourcen:** Wie bereits ersichtlich wurde, umfasst ein ganzheitlicher Risikomanagementprozess eine Vielzahl an personeller als auch finanzieller Ressourcen. Dementsprechend können unzureichende Ressourcen in den genannten Bereichen dazu führen, dass der Prozess nicht angemessen unterstützt und somit nicht die volle Wirksamkeit erzielt wird.[9]

---

[7] Vgl. Ridic, Goran (2023), Seite 21.
[8] Vgl. BaFin (2017).
[9] Vgl. BaFin (2023), Seite 8 ff.

Ein erfolgreicher Risikomanagementprozess hängt folglich von einigen oben genannter Faktoren ab, welche in Kombination für die erfolgreiche Etablierung eines jenen Prozesses verantwortlich sind. Wie ersichtlich wird, umfasst diese Thematik eine Vielzahl an Bereichen des Unternehmens und erfordert eine ganzheitliche Umsetzung über das gesamte Unternehmen hinweg. Besonders deutlich wird, dass auch einzelne Mitarbeiter einen maßgeblichen Teil zum Erfolg des Prozesses beitragen können, indem die eigene Tätigkeit hinterfragt und mögliche Risiken auf dieser Ebene bereits erkannt werden. Die allumfassende Grundlage für den Erfolg stellt jedoch neben den oben genannten Ressourcen, der Wille des Managements als auch der einzelnen Beschäftigten dar. Ohne Unterstützer auf Führungs- sowie Beschäftigtenebene kann das beste Konzept zu keinem erfolgreichen Risikomanagementprozess führen.

## 2. Aufgabe: Interne und externe Umweltfaktoren

Wie bereits im vorangehenden Kapitel erläutert, stellt ein vollumfänglicher Risikomanagementprozess die Basis für die langfristige Stabilität sowie den Erfolg des Unternehmens dar. Als kritischer Bestandteil der Unternehmensführung erfordert der Risikomanagementprozess eine umfassende Berücksichtigung von internen und externen Umweltfaktoren, um letztendlich die für das Unternehmen bestmöglichen Maßnahmen zu entwickeln. Konkret sind unter internen und externen Umweltfaktoren Einflüsse zu verstehen, welche das Unternehmen sowie dessen Wertschöpfung in positiver als auch negativer Weise beeinflussen können. Die Unterscheidung basiert dabei auf der ursprünglichen Herkunft eines Faktors, welche innerhalb und außerhalb des Unternehmens liegen kann. Klassische Beispiele für interne Faktoren sind einerseits die Liquidität des Unternehmens und andererseits die Beschäftigten, welche die Wertschöpfung des Unternehmens ermöglichen. Im Bereich der externen Faktoren sind die Wettbewerbssituation und die gesetzlichen Bestimmungen beispielhaft anzuführen.[10] Der Autor Douglas Jondle fasst diese Interaktion interner und externer Faktoren in seinem *corporate risk universe*[11] zusammen, welches einen Überblick vorhandener Einflussfaktoren interner und externer Natur schafft. Wie ersichtlich wird, liegt der gesamten Thematik ein komplexes Konstrukt zugrunde, welches von Unternehmen konkret beleuchtet und analysiert werden muss.

---

[10] Vgl. Yüksel, Ihsan (2012), Seite 52.
[11] Vgl. Jondle, Douglas et al. (2023), Seite 39.

Die expliziten Auswirkungen respektive Aufgaben des Risikomanagements sollen nachfolgend anhand des Risikomanagementprozesses verdeutlicht werden.

Der Risikomanagementprozess dient dazu, Risiken zu identifizieren, zu bewerten, zu steuern und zu überwachen. Dabei spielen sowohl interne als auch externe Umweltfaktoren eine entscheidende Rolle. Diese Faktoren beeinflussen unterschiedlichste Unternehmensaspekte und müssen daher in verschiedenen Phasen des Risikomanagementprozesses angemessen berücksichtigt werden. Wird dabei der Risikomanagementprozess konkret betrachtet und in die erläuterten einzelnen Phasen untergliedert, lässt sich erkennen, in welchen Bereichen jene Umweltfaktoren von besonderer Relevanz sind.

Die Risikoidentifikation zu Beginn der Thematik zeigt dabei potenzielle Risiken auf, welche sich auf das Unternehmen, meist in negativer Weise, auswirken können. Bereits in diesem Abschnitt wird deutlich, dass interne und externe Umweltfaktoren hierbei einen maßgeblichen Faktor für den weiteren Verlauf des Risikomanagementprozesses darstellen. Risiken können maßgeblich durch ebendiese Faktoren beeinflusst werden oder auch grundsätzlich entstehen. Wird in diesem Zusammenhang beispielsweise die Organisationsstruktur des Unternehmens betrachtet, sind unter anderem interne Abläufe oder auch konkrete Verhaltensweisen des Managements zu beleuchten. Weist das Unternehmen zum Beispiel äußerst komplexe und irreführende interne Abläufe auf, kann dies zu einem maßgeblichen Risiko führen, da Mitbewerber unter Umständen deutlich schneller sind und somit Wettbewerbsvorteile ausbauen. Ebenso können solche zu komplexen internen Abläufe zu einer Demotivation der Mitarbeitenden führen und somit die Personalfluktuation begünstigen. In diesem Fall besteht die Gefahr des Verlustes von wertvollem Know-How in diversen Bereichen des Unternehmens. Wie ersichtlich wird, werden Risiken maßgeblich durch in diesem Beispiel interne Faktoren beeinflusst.

Neben der internen Betrachtung, ist auch ein Augenmerk auf die externe Seite zu richten. So stehen und fallen sämtliche unternehmerische Belange mit den gegebenen Marktbedingungen in Verbindung mit gesetzlichen Regularien. Ohne entsprechend kaufbereite Kunden oder einem rentablen Marktsegment, ist es nahezu unmöglich, nachhaltig profitabel zu wirtschaften. Hinzu kommen beispielsweise auch politische Entwicklungen, deren Einfluss auf das Unternehmen zu beleuchten ist.[12]

Wie ersichtlich wird, beziehen sich interne und externe Umweltfaktoren maßgeblich auf die grundlegende Struktur des Unternehmens und somit auf die Risikoidentifikation als ersten Schritt des Risikomanagementprozesses. Doch auch darüber hinaus bedarf es einer konkreten Betrachtung jener Faktoren. Im darauffolgenden Schritt, der

---

[12] Vgl. Brühwiler, Bruno (2008), Seite 2.

Risikobewertung, können die eben genannten Faktoren ebenfalls von Bedeutung sein, da in dieser Phase ermittelt wird, wie wahrscheinlich ein Eintritt zuvor identifizierter Risiken ist.[13,14] Agiert ein Unternehmen beispielsweise in einem kompetitiven Marktumfeld, können genannte Faktoren, wie die komplexen internen Abläufe, ein konkretes Risiko darstellen. Lange Entscheidungswege bei einer deutlich ausgeprägten Wettbewerbssituation, können das Unternehmen maßgeblich gefährden, da somit Wettbewerber gegebenenfalls schneller auf Kundenanforderungen reagieren und somit im ungünstigsten Fall auch zum Vertragsabschluss übergehen. Die Eintrittswahrscheinlichkeit des genannten internen Umweltfaktors hängt somit unter anderem maßgeblich von der Wettbewerbssituation ab. Genießt ein Unternehmen hingegen eine Marktposition ohne nennenswerten Wettbewerb, können langsame interne Abläufe zwar demotivierend sein, jedoch geht hiervon keine derart große Gefahr aus, welche den Fortbestand des Unternehmens gefährden könnte.

Im weiteren Fortgang des Risikomanagementprozesses zeigt sich, dass auch im dritten und vierten Schritt, der Risikosteuerung- sowie Überwachung, interne und externe Umweltfaktoren von Relevanz sein können. Da sich beispielsweise Marktsituationen oder rechtliche Bedingungen schnell verändern können, bedarf es einer kontinuierlichen Überwachung identifizierter Faktoren und damit einhergehender Risiken. Tritt beispielsweise ein neuer Wettbewerber in das Marktsegment des zu betrachtenden Unternehmens ein, kann sich die Risikosituation bedeutend ändern. Auch im Hinblick sich verändernder rechtlichen Gegebenheiten, lassen sich Beispiele anführen. Wird zum einen die derzeit vorherrschende Kriegssituation in der Ukraine oder auch die Covid-19-Pandemie in Kombination mit den daraus resultierenden Auswirkungen auf die Wirtschaft oder auch das öffentliche Leben betrachtet, zeigt sich die unvorhersehbare Charakteristik ebendieser Umweltfaktoren, welche zuvor identifizierte Risikobereiche maßgeblich beeinflussen können.

Konkret zeigen die zuvor genannten Beispiele, dass interne und externe Umweltfaktoren entlang des gesamten Risikomanagementprozesses relevant sind. In einer immer schnelllebiger werdenden Welt ist es nahezu unmöglich, nicht permanent das Geschehen innerhalb und außerhalb des Unternehmens zu beobachten. Innere und äußere Gegebenheiten können sich rasch ändern oder durch sich verändernde Faktoren beeinflusst werden. Wird der Fokus nun konkret auf den Risikomanagementprozess gelegt, lässt sich deutlich festhalten, dass die Beachtung interner und externer Umweltfaktoren

---

[13] Vgl. DGQ (o.J.), online im Internet, Seite 89ff.
[14] Vgl. Brühwiler, Bruno (2008), Seite 2.

insbesondere in den ersten beiden Phasen des Prozesses relevant ist. Hierbei wird zunächst eine übergreifende Gesamtsicht erarbeitet, wie sich die Risikosituation in Verbindung mit internen sowie externen Umweltfaktoren darstellt. Auch im weiteren Verlauf entlang des Prozesses, sollten jene Faktoren jedoch nicht vernachlässigt werden. Wie einleitend bereits erwähnt, sind Veränderungen der gegebenen Situation jederzeit und auch rasch möglich, weshalb sich das Unternehmen fortlaufend mit der Risikosituation auseinandersetzen sollte, um die getroffenen Entscheidungen sowie Maßnahmen unter Umständen an eine veränderte Situation anzupassen.

## 3. Aufgabe: Unternehmensexterne Anspruchsgruppen

Risikomanagement ist ein zentraler Bestandteil der Unternehmensführung, der nicht nur interne Prozesse beeinflusst, sondern auch externe Anspruchsgruppen betrifft. In der nachfolgenden Diskussion sollen Aspekten des Risikomanagements beleuchtet werden, über die Unternehmen externe Anspruchsgruppen informieren müssen. Dabei wird eine rechtliche Grundlage als Basis herangezogen, um die Verpflichtungen und Anforderungen zu verdeutlichen und rechtlich zu belegen. Konkret sollen hierzu die DRS (Deutsche Rechnungslegungsstandards) herangezogen werden.[15]

Um folglich zu bewerten, welche Anspruchsgruppen über etwaige Aspekte des Risikomanagements zu informieren sind, bedarf es einer kurzen Definition ebendieser Anspruchsgruppen. Diese auch als Stakeholder bezeichneten Anspruchsgruppen stellen Personengruppen oder auch Institutionen dar, welche von den unternehmerischen Tätigkeiten direkt oder auch indirekt betroffen sind. Der zeitliche Horizont ist dabei nicht nur auf die Gegenwart begrenzt, sondern genießt auch eine zukünftige Charakteristik. Diese direkte oder auch indirekte Betroffenheit lässt sich dahingehend konkretisieren, dass ebendiese Anspruchsgruppen durch das Unternehmen respektive dessen wirtschaftliches Handeln beeinflusst werden. Entgegengesetzt können jedoch auch die Stakeholder Einfluss auf das Unternehmen und somit auch unter Umständen auf dessen Entscheidungen nehmen. Weiter konkretisiert lassen sich dabei zwei Positionen erkennen, welchen die Anspruchsgruppen angehören. Neben den hierbei zu betrachtenden externen Anspruchsgruppen gibt es auch eine Vielzahl unternehmensinterner Gruppierungen, welche maßgeblich von den Entscheidungen oder auch grundsätzlich von jenem

---

[15] Vgl. DRSC, online im Internet.

Unternehmen abhängig sind. Im Hinblick interner Stakeholder können dies beispielsweise Mitarbeitende sein, welche durch Lohn- und Gehaltszahlungen ein starkes Interesse an den unternehmerischen Belangen haben dürften.[16] Wie ersichtlich wird, spielen jene Anspruchsgruppen einen nicht zu vernachlässigenden Bestandteil im unternehmerischen Bestehen und sollten dahingehend dringend beachtet werden.

Die nun zu erörternden Pflichten gegenüber externe Anspruchsgruppen lassen sich dabei auf diverse externe Anspruchsgruppen individuell aufgliedern:

- **Informationspflichten gegenüber Aktionären des Unternehmens**
  Gemäß den Deutsche Rechnungslegungsstandards sind Unternehmen verpflichtet, ihre Aktionäre über wesentliche Risiken zu informieren. Dies umfasst nicht nur finanzielle Risiken, sondern auch operative, strategische und rechtliche Risiken. Konkret aufgeschlüsselt, lassen sich nachfolgende Beispiele den einzelnen Risikobereichen zuordnen.

**Operative Risiken:**

- o **Betriebsunterbrechungen:**
  Betriebsunterbrechungen können durch Naturkatastrophen, technische Störungen, Lieferkettenprobleme oder andere unvorhergesehene Ereignisse entstehen, über welche unter anderem Aktionäre zu informieren sind.
  **Beispiel:** Aufgrund stark beeinträchtigter Lieferketten infolge einer Kriegssituation entlang der Wertschöpfung, kann es zu Produktionsausfällen kommen, welche sich nicht vorhersehen lassen.
- o **Fehlerhafte Prozesse und Systeme:**
  Risiken, die aus ineffizienten internen Prozessen, fehlerhaften Systemen oder unzureichender Schulung der Mitarbeiter resultieren.
  **Beispiel:** Ein Fehler im Buchhaltungssystem, der zu falschen Finanzberichten führt.
- o **Personalrisiken:**
  Risiken, die durch Mitarbeiter verursacht werden, wie Fachkräftemangel, Fluktuation oder unzureichende Qualifikation.
  **Beispiel:** Ein Schlüsselmitarbeiter verlässt das Unternehmen und es gibt keine angemessene Nachfolgeregelung sowie kein ausgereiftes Wissensmanagement, um erlangtes Know-How an folgende Mitarbeiter weiterzugeben.

---

[16] Vgl. Thommen, Jean-Paul (o.J.), online im Internet.

o **Technologische Risiken:**

Risiken im Zusammenhang mit Technologie, wie Cyberangriffe, Datenschutzverletzungen oder veraltete IT-Infrastruktur.

**Beispiel:** Ein Hackerangriff, der zu Datenverlust oder Betriebsstörungen führt, da Systeme innerhalb des Unternehmens verschlüsselt und somit für die Benutzung untauglich gemacht wurden.[17,18]

**Strategische Risiken:**

o **Marktrisiken:**

Risiken im Zusammenhang mit Veränderungen auf dem Markt, wie veränderte Kundenpräferenzen, Wettbewerbsdruck oder neue Technologien.

**Beispiel:** Ein neuer Wettbewerber tritt in den Markt ein und gewinnt schnell Marktanteile.

o **Strategische Fehlentscheidungen:**

Risiken, die aus falschen strategischen Entscheidungen, schlechter Planung oder unzureichender Anpassung an Marktveränderungen resultieren.

**Beispiel:** Die Einführung eines Produkts, das nicht den Marktanforderungen entspricht.

o **Reputationsschäden:**

Risiken, die den Ruf des Unternehmens beeinträchtigen können, wie Skandale, Produktrückrufe oder negative Medienberichterstattung. Ein solcher Fall kann die Strategie des Unternehmens maßgeblich negativ beeinflussen, da unter Umständen gesetzte Ziele nicht zu erreichen sind.

**Beispiel:** Ein Umweltskandal führt zu einem starken Vertrauensverlust bei Kunden und Stakeholdern.

o **Finanzrisiken:**

Risiken, die die finanzielle Stabilität des Unternehmens beeinträchtigen können, wie Währungsschwankungen, Liquiditätsprobleme oder Kreditrisiken. Insbesondere bei international ausgerichteten Unternehmen (Strategie), können unvorhersehbare finanzielle Risiken entstehen.

**Beispiel:** Eine plötzliche Abwertung der Währung führt zu erheblichen Verlusten im internationalen Geschäft.[19]

---

[17] Vgl. DIIR (2018), Seite 14ff.
[18] Vgl. Schierenbeck, Henner (2003), Seite 823ff.
[19] Vgl. Schultze-Kraft, Rainer (2002), Seite 145ff.

**Rechtliche Risiken:**

o **Nichteinhaltung von Gesetzen und Vorschriften:**

Risiken, die aus der Nichteinhaltung von Gesetzen und Vorschriften resultieren, sei es im Arbeitsrecht, Umweltschutz oder Datenschutz. Dieser Verstoß muss dabei nicht zwingend vorsätzlich geschehen, vielmehr kann dies auch durch eine immer komplexere Rechtslage fahrlässig geschehen.

**Beispiel:** Eine Klage wegen Verletzung von Datenschutzauflagen führt zu hohen Strafen.

o **Haftungsrisiko:**

Risiken im Zusammenhang mit möglichen Haftungsansprüchen, sei es durch Produkthaftung, Verletzung von Verträgen oder andere rechtliche Verpflichtungen.

**Beispiel:** Ein Kunde verklagt das Unternehmen auf Schadensersatz aufgrund eines fehlerhaften Produkts.

o **Arbeitsrechtliche Risiken:**

Risiken, die sich aus arbeitsrechtlichen Problemen ergeben, wie Diskriminierungsklagen, Arbeitsunfälle oder Arbeitsstreiks.

**Beispiel:** Ein Arbeitsunfall führt zu rechtlichen Auseinandersetzungen und möglichen Schadensersatzforderungen.

o **Compliance-Risiken:**

Risiken im Zusammenhang mit der Einhaltung von internen Unternehmensrichtlinien und Ethikstandards.

**Beispiel:** Nichteinhaltung interner Compliance-Richtlinien führt zu internen Untersuchungen und möglichen Sanktionen.[20]

Die genannten Risikokategorien können dabei je nach Branche, Größe und geografischem Standort eines Unternehmens variieren. Ein effektives Risikomanagement berücksichtigt alle relevanten Risiken und entwickelt Strategien, diese Risiken für das Unternehmen möglichst gering respektive kontrollierbar zu halten. Diese ausführliche Erläuterung lässt sich dabei neben den Aktionären auch auf die nachfolgenden Anspruchsgruppen ableiten.

• **Informationspflichten gegenüber Gläubigern und Banken**

Neben den Aktionären, gehören auch Banken und sämtliche Gläubiger zu den externen Anspruchsgruppen eines Unternehmens. Gerade im Hinblick der

---

[20] Vgl. Bitz, Michael; König, Christoph (2017), Seite 67ff.

Kreditwürdigkeit oder generell des Vertrauens in das Unternehmen, muss dieses gegenüber den erwähnten Stakeholdern eventuelle finanzielle Risiken transparent offenlegen.

- **Informationspflichten gegenüber Lieferanten**
  Lieferanten sind oft direkt von den operativen Risiken eines Unternehmens betroffen. Daher müssen Unternehmen sicherstellen, dass sie transparent über Risiken in der Lieferkette informieren.

- **Informationspflichten gegenüber Mitarbeitern**
  Die Mitarbeiter sind eine wichtige Interessengruppe, die über Risiken informiert werden sollte, die ihre Arbeitsplatzsicherheit, Vergütung und weitere arbeitsbezogene Aspekte betreffen.

- **Informationspflichten gegenüber Regulierungsbehörden**
  Unternehmen unterliegen verschiedenen rechtlichen und regulatorischen Anforderungen, die regelmäßige Berichterstattung und Transparenz erfordern.

- **Informationspflichten gegenüber der Öffentlichkeit**
  In der modernen Geschäftswelt wird von Unternehmen zunehmend erwartet, dass sie auch der breiten Öffentlichkeit gegenüber transparent sind. Dies kann durch Nachhaltigkeitsberichte und andere öffentliche Kommunikationsmittel erfolgen.

Die Einhaltung der rechtlichen Anforderungen gemäß den DRS in Bezug auf die Informationspflichten des Risikomanagements gegenüber unternehmensexternen Anspruchsgruppen ist entscheidend für die Transparenz und das Vertrauen in Unternehmen. Wie ersichtlich wird, kann dies durch eine Vielzahl an Stakeholdern eine bedeutende Aufgabe innerhalb des Unternehmens sein, welche neben finanziellen auch zeitliche Kapazitäten in Anspruch nimmt. Es ist dabei wichtig zu erwähnen, dass die Einhaltung dieser Standards nicht nur eine rechtliche Verpflichtung ist, sondern auch einen Beitrag zur langfristigen Stabilität und zum Erfolg des Unternehmens leisten kann.

# 4. Aufgabe: Modellierter Risikomanagementprozess

Der mögliche Risikomanagementprozess soll in diesem Aufgabenbereich anhand des fiktiven Beispiels der Carvision Inc. erarbeitet und einzelne Prozessschritte konkret erläutert werden. Die Carvision Inc. ist ein international agierender Konzern in der Automobilindustrie, der sich auf die Herstellung von Elektrofahrzeugen spezialisiert hat.

Im nachfolgenden Verlauf soll ein möglicher Risikomanagementprozess zunächst konkret dargestellt und später durch spezifische Risiken bewertet werden.

## 1. Unternehmenskontext: Carvision Inc.

Die Carvision Inc. ist in über 30 Ländern präsent und bietet ein breites Portfolio, welches sich von klassischen Personenkraftwagen bis hin zu Elektro-Nutzfahrzeugen erstreckt. Das Kundenumfeld ist somit breit aufgestellt und bezieht sich neben privaten Endkunden auch auf Unternehmen mit besonderen Transportanforderungen. Dabei ist die Carvision Inc. bestrebt, Innovationen in der Elektromobilität voranzutreiben und neue Maßstäbe im Hinblick der Reichweite oder innovativer Batterietechnologien zu setzen.

## 2. Risikoidentifikation

Konkrete Prozessschritte:

- **Branchenspezifische Workshops:** Zwar agiert das Unternehmen im Automobilumfeld, dennoch ist es nahezu unmöglich, den gesamten Markt und alle Risikobereiche der Elektromobilität im Blick zu halten. Aus diesem Grund ist es ratsam, zum Beispiel Workshops oder Fortbildungen mit branchenspezifischen Experten abzuhalten, um spezifische Risiken zu identifizieren.
- **Technologieentwicklung und -veränderungen:** Um als Carvision Inc. zukunftsfähig zu bleiben, bedarf es einer kontinuierlichen Überwachung von Entwicklungen in der Elektromobilität und benachbarten Technologien, um Chancen und Risiken frühzeitig zu erkennen. Benachbarte Technologien spielen deshalb ebenfalls eine wichtige Rolle, da es neben der Elektromobilität beispielsweise auch noch weitere mögliche Zukunftstechnologien, wie Wasserstoff, gibt. Zudem besteht die Chance, dass technische Fortschritte in anderen Bereichen auch für die Nutzung in der Automobilindustrie relevant sein können.
- **Interne Risikoappetit-Analyse/Bereitschaft Risiken einzugehen:** Um eine erfolgreiche Kommunikation und Zusammenarbeit innerhalb des Risikomanagements zu gewährleisten, müssen gewisse Punkte fixiert werden. Konkret gilt es, eine klare Risikoappetit-Strategie festzulegen, die den Toleranzgrad gegenüber verschiedenen Risikoarten definiert.

Verantwortlichkeiten:

- **Risikomanagementabteilung:** Organisation von Workshops und/oder Fortbildungen sowie Integration von externen Branchenexperten.
- **F&E-Abteilung:** Überwachung von Technologietrends und deren potenzielle Auswirkungen auf die Branche.

- **Geschäftsleitung:** Festlegung der Risikoappetit-Strategie und Genehmigung der identifizierten Risiken.

## 3. Risikobewertung

Konkrete Prozessschritte:

- **Quantitative und Qualitative Bewertung ermittelter Risiken:** Um die Relevanz einzelner Risiken gegenüber der Carvision Inc. zu ermitteln, müssen diese einzeln bewertet werden.
- **Szenarioanalysen:** Durchführung von Szenarioanalysen für kritische Risiken, um verschiedene Entwicklungspfade zu bewerten.

Verantwortlichkeiten:

- **Finanzabteilung:** Quantitative Bewertung von Risiken, welche finanzielle Auswirkungen mit sich bringen.
- **Technologie- und Innovationsabteilung:** Qualitative Bewertung von Innovationsrisiken.
- **Risikomanagementabteilung:** Koordination von Szenarioanalysen und Integration der Ergebnisse in die Gesamtbewertung.

## 4. Risikosteuerung: Maßnahmenentwicklung und Implementierung

Konkrete Prozessschritte:

- **Entwicklung von Risikominderungsstrategien:** Identifikation von konkreten Maßnahmen zur Reduzierung von Risiken, einschließlich technologischer Anpassungen, Markterweiterungen und zum Beispiel Kooperationen.
- **Implementierung von Governance-Strukturen:** Überwachung und Umsetzung von Risikosteuerungsmaßnahmen.
- **Diversifikation von Lieferketten:** Risikominderung durch Diversifikation von Lieferanten und strategischen Partnern.

Verantwortlichkeiten:

- **Unternehmensentwicklung:** Entwicklung von Strategien zur Diversifikation und Markterweiterung.
- **Compliance-Abteilung:** Implementierung von Governance-Strukturen zur Sicherstellung der Einhaltung von Vorschriften.
- **Operative Abteilungen:** Umsetzung von Risikosteuerungsmaßnahmen auf operativer Ebene.

## 5. Risikoüberwachung und -reporting

Konkrete Prozessschritte:

- **Regelmäßige Überprüfung relevanter Kennzahlen:** Regelmäßige Überprüfung von Kennzahlen, um Trends und Veränderungen zu identifizieren.

- **Erstellung von Risikoberichten:** Regelmäßige Erstellung von detaillierten Risikoberichten, die an die Geschäftsleitung und den Aufsichtsrat kommuniziert werden.

- **Kommunikation mit Stakeholdern:** Transparente Kommunikation mit Aktionären und anderen Stakeholdern über wesentliche Risiken und deren Management.

Verantwortlichkeiten:

- **Risikomanagementabteilung:** Laufende Überwachung und Anpassung des Risikoprozesses.

- **Interne Revision:** Unabhängige Überprüfung der Wirksamkeit des Risikomanagementsystems.

- **Unternehmenskommunikation:** Erstellung von Berichten für externe Stakeholder.

## 6. Kontinuierliche Verbesserung: Lernprozess aus Erfahrungen

Konkrete Prozessschritte:

- **Nachträgliche Analysen:** Umfassende Analyse von Ereignissen, die zu einem Schaden geführt haben, um aus Fehlern zu lernen.

- **Anpassung des Risikoprozesses:** Kontinuierliche Anpassung von Maßnahmen basierend auf neuen Erkenntnissen und veränderten Marktbedingungen.

- **Schulung und Sensibilisierung:** Regelmäßige Schulungen für Mitarbeiter, um das Risikobewusstsein zu fördern und das Verständnis zu vertiefen.

Verantwortlichkeiten:

- **Risikomanagementabteilung:** Kontinuierliche Überprüfung und Aktualisierung des Risikoprozesses.

- **Unternehmensführung:** Förderung einer risikobewussten Unternehmenskultur.

Die vorgestellte Modellierung eines Risikomanagementprozesses für die Carvision Inc. betont die Bedeutung einer ganzheitlichen und proaktiven Herangehensweise. Die Integration von Fachexperten, die ständige Überwachung von Technologieentwicklungen und eine klare Governance-Struktur sind entscheidend für den Erfolg dieses Prozesses. Durch die kontinuierliche Anpassung und den Lernprozess aus Erfahrungen kann die Carvision Inc. effektiv auf neue Herausforderungen reagieren und ihren langfristigen Unternehmenserfolg am Markt sichern.

Konkret auf das Unternehmen Carvision Inc. bezogen, ergeben sich folgende Risiken, deren Relevanz bewertet und mögliche Maßnahmen zur Risikominimierung aufgezeigt werden. (Rot = Hohe Relevanz, Gelb = Mittlere Relevanz und Grün = Niedrige Relevanz)

**Techno-logische Risiken**

- **Batterietechnologie:** Die Weiterentwicklung von Batterietechnologien ist entscheidend für den Erfolg von Elektrofahrzeugen. Risiken umfassen mögliche technologische Grenzen sowie Schwierigkeiten bei der Skalierung.

  → Investition in die F&E sowie fortlaufende Überwachung der Wirtschaftlichkeit

- **Reichweitenangst und Ladegeschwindigkeit:** Kunden könnten zögern, Elektrofahrzeuge zu kaufen, wenn die Reichweite begrenzt ist und die Ladedauer unzureichend ist. Die Etablierung einer entsprechenden Technologie in Verbindung mit ausreichend Schnellladesäulen ist die Basis, um diese Risiken zu mindern.

  → Zusammenschluss mit anderen Unternehmen wie EnBW, um die Ladeinfrastruktur auszubauen. Schaffen von Anreizen, dass Kunden trotz geringerer Reichweite auf ein Elektrofahrzeug umsteigen. Beispiel: Kostenloses Laden.

**Markt-Risiken**

- **Nachfrageunsicherheit:** Die Nachfrage nach Elektrofahrzeugen ist stark von staatlichen Anreizen, Umweltbewusstsein und der Verfügbarkeit von kostengünstigen Fahrzeugen abhängig. Änderungen in diesen Faktoren können die Nachfrage beeinflussen.

  → Schaffen von wirtschaftlichen Anreizen, um die Abhängigkeit von Förderungen zu reduzieren. Ausbau des Portfolios im unteren Preissegment.

- **Wettbewerb von etablierten Unternehmen und Newcomern:** Traditionelle Automobilhersteller konkurrieren mit neuen Unternehmen, die sich ausschließlich auf Elektromobilität konzentrieren. Neue Marktteilnehmer könnten durch Innovationen schnell Marktanteile gewinnen.

  → Kontinuierliche Marktbeobachtung. Ggf. Zusammenschluss in einzelnen Bereichen, um Ressourcen zu bündeln.

**Finanz-Risiken**

- **Hohe Investitionen in Forschung und Entwicklung:** Die Entwicklung von Elektrofahrzeugen erfordert erhebliche Investitionen in Forschung und Entwicklung. Diese Kosten müssen möglichst zuversichtlich abgesichert sein.

  → Aufbau eines breiten Portfolios, um verschiedene Preissegmente abzubilden. Somit lassen sich manche Bereiche quersubventionieren.

- **Abhängigkeit von staatlichen Anreizen:** Viele Länder bieten finanzielle Anreize für den Kauf von Elektrofahrzeugen. Die Branche ist daher anfällig für Änderungen in den politischen Entscheidungen bezüglich dieser Anreize.

  → siehe Nachfrageunsicherheit

Infra-
struktur-
Risiken

- **Ladeinfrastruktur:** Eine unzureichende Ladeinfrastruktur kann die Akzeptanz von Elektrofahrzeugen beeinträchtigen. Unternehmen müssen auf den Ausbau von Ladestationen und Technologien zur Schnellladung setzen.
  → siehe Reichweitenangst und Ladegeschwindigkeit
- **Rohstoffabhängigkeit:** Elektrofahrzeuge sind stark von Batterien abhängig, die wiederum Rohstoffe wie Lithium, Kobalt und Nickel benötigen. Schwankungen in den Rohstoffpreisen und Lieferengpässe können die Produktion beeinträchtigen.
  → Investition in einen guten Einkauf sowie Partner vor Ort. Ausreichende Bevorratung, um Preispeaks zu überwinden.

**Regulatorische Risiken**

- **Emissionsnormen und Vorschriften:** Änderungen in den Emissionsnormen und anderen Vorschriften können sich auf die Produktionskosten auswirken.
  → Vorausschauende Beobachtung möglicher Änderungen
- **Subventions- und Förderprogramme:** Veränderungen in staatlichen Subventions- und Förderprogrammen für Elektrofahrzeuge können erhebliche Auswirkungen auf die Wettbewerbsposition der Hersteller haben.
  → siehe Nachfrageunsicherheit

**IT-Risiken**

- **Hacking und Datenmissbrauch:** Elektrofahrzeuge sind zunehmend vernetzt, was das Risiko von Cyberangriffen erhöht. Hacking und der Missbrauch von Fahrzeugdaten könnten nicht nur die Kunden gefährden, sondern auch den Ruf des Herstellers schädigen.
  → Aufbau und vor allem Pflege höchster Sicherheitsstandards in allen relevanten Systemen
- **Softwareprobleme und Updates:** Software spielt eine entscheidende Rolle in Elektrofahrzeugen. Fehlerhafte Software oder Probleme bei Softwareupdates können zu Sicherheitsrisiken und Kundenunzufriedenheit führen.
  → Kontinuierliche Reports aus Fehlermeldungen, um jene Fehler frühzeitig zu beheben

**Wirtschaftliche und geopolitische Risiken**

- **Wirtschaftliche Unsicherheit:** Konjunkturelle Abschwünge können die Kaufkraft der Verbraucher beeinträchtigen und somit die Nachfrage nach teureren Elektrofahrzeugen verringern.
  → Kontinuierliche Marktbeobachtung und Aufbau eines breiten Portfolios.
- **Handelskonflikte und Lieferkettenrisiken:** Die Elektrofahrzeugbranche ist globalisiert und Handelskonflikte sowie Lieferkettenunterbrechungen können zu Produktionsverzögerungen und steigenden Kosten führen.
  → Aufbau eines diversifizierten Lieferantenstammes sowie Nutzung verschiedener Transportwege (Zug, Schiff, Flugzeug). Ausreichende Bevorratung, um kurzfristige Ausfälle zu überwinden.

Wie ersichtlich wurde, stellt sich das Risikoumfeld des Unternehmens auf eine vielseitige Weise dar. Das Ziel sollte es daher sein, insbesondere die hochrelevanten Risiken möglichst schnell zu bearbeiten, um entsprechend wettbewerbsfähig zu bleiben. Die aufgezeigten Maßnahmen sind in jedem Fall mit teils enormen Investitionen zu realisieren, weshalb auch hier deutlich priorisiert werden muss.

# Literaturverzeichnis

*Arbeitsagentur (2023):* https://www.arbeitsagentur.de/news/arbeitsmarkt#

*BaFin (2017):* https://www.bafin.de/SharedDocs/Veroeffentlichungen/DE/Rundschreiben/2017/rs_1709_marisk_ba.html;jsessionid=21D83C75F03B8A52468159D7FB339476.internet942?nn=19643896#doc19616030bodyText23

*BaFin (2023): https://www.bundesbank.de/resource/blob/894796/f212b38ad95ca0a88254ba03b9906392/mL/2023-06-09-rundschreiben-data.pdf*

*Bea, Franz Xaver; Haas, Jürgen (2016):* Strategisches Management

*Berger, Thomas und Hiller, Matthias (2022):* Risikomanagement in Deutschland

*Bitz, Michael; König, Christoph (2017):* Compliance-Management in mittelständischen Unternehmen.

*Brühwiler, Bruno (2008): Risiken managen*

*Derr, Tatjana et. al (2021):* SWOT-Analyse und TOWS-Normstrategien

*Deutsche Handelskammer für Spanien:* https://www.ahk.es/newsroom/news/news-details/die-spanische-plastiksteuer-tritt-ab-1-januar-in-kraft

*DGQ, Deutsche Gesellschaft für Qualität e.V. (o.J.):* Risikomanagement in der Praxis

*Diedrichs, Marc (2017): Risikomanagement und Risikocontrolling*

*DIIR (2021):* https://www.diir.de/fileadmin/ak22/downloads/Online-Revisionshandbuch_MaRisk_Stand_2021_12.pdf

*DRSC (2012): https://www.drsc.de/verlautbarungen/drs-20/*

*Gleißner, Werner; Berger, Thomas (2007): Risikomanagement im Mittelstand*

*Jondle, Douglas et al. (2023): Modern Risk Management: Managing risk through the* ethical business culture model

*Schierenbeck, Henner (2003):* Controlling

*Schultze-Kraft, Rainer (2002):* Strategisches Management. Grundlagen - Prozess – Implementierung

*Thommen, Jean-Paul (o.J.): https://wirtschaftslexikon.gabler.de/definition/anspruchs-gruppen-27010#:~:text=Definition%3A%20Was%20ist%20%22Anspruchsgruppen%22,direkt%20oder%20indirekt%20betrof-fen%20sind.&text=Über%20200%20Experten%20aus%20Wissen-schaft%20und%20Praxis.*

*Yüksel, Ihsan (2012):* Developing a multi-criteria decision making model for PESTEL analysis